ATLAS DU MANUEL DE LA SOIERIE.

TABLE POUR FACILITER LA RECHERCHE DES FIGURES.

NUMÉROS DES FIGURES.	NUMÉROS DES PLANCHES où elles sont placées.	NUMÉROS DES FIGURES.	NUMÉROS DES PLANCHES.	NUMÉROS DES FIGURES.	NUMÉROS DES PLANCHES.	NUMÉROS DES FIGURES.	NUMÉROS DES PLANCHES.	NUMÉROS DES FIGURES.	NUMÉROS DES PLANCHES.	NUMÉROS DES FIGURES.	NUMÉROS DES PLANCHES.
TOME PREMIER.				TOME DEUXIÈME.							
1	1	25	3	1	1	24	4	47	5	68	2
2	1	26	3	2	1	25	4	48	5	69	4
3	1	27	2	3	1	26	4	49	5	70	4
4	1	28	2	4	1	27	2	49"	1	71	1
5	1	29	3	4"	1	28	2	50	1	72	5
6	2	30	2	5	1	29	3	51	1	73	5
7	3	31	11	6	1	30	3	52	1	74	14
8	2	32	11	7	1	31	3	52"	1	75	14
9	1	33	11	8	1	32	11	53	5	76	14
10	2	34	11	9	1	32"	11	53"	4	77	14
11	2	35	11	10	1	33	10	54	4	78	14
12	1	36	11	11	1	34	1	55	4	79	14
13	1	37	11	12	2	35	2	56	4	80	14
14	1			13	2	36	1	57	4	81	14
15	2			14	2	37	1	58	4	82	14
16	2			15	2	38	2	59	4	83	14
17	2			15"	3	39	5	60	3	84	14
18	2			16	3	40	5	61	3	85	14
19	2			17	3	41	5	62	3	86	14
20	2			18	3	42	5	63	3	87	6
21	2			19	3	43	5	64	3	88	6
22	2			20	2	44	5	65	3	89	7
23	3			21	2	45	5	66	3	90	7
24	3			22	2	46	5	67	3	91	6
				23	4						

ATLAS DE LA SOIERIE.

NUMÉROS DES FIGURES.	NUMÉROS DES PLANCHES.	NUMÉROS DES FIGURES.	NUMÉROS DES PLANCHES.	NUMÉROS DES FIGURES.	NUMÉROS DES PLANCHES.	NUMÉROS DES FIGURES.	NUMÉROS DES PLANCHES.	NUMÉROS DES FIGURES.	NUMÉROS DES PLANCHES.	NUMÉROS DES FIGURES.	NUMÉROS DES PLANCHES.
92	11	125	8	158	10	191	11	224	10	257	11
93	6	126	8	159	10	192	11	225	10	258	11
94	6	127	8	160	10	193	7	226	12	259	11
95	6	128	8	161	10	194	7	227	12	260	11
96	7	129	8	162	10	195	7	228	12	261	12
97	7	130	8	163	10	196	7	229	12	262	12
98	7	131	8	164	7	197	7	230	12	263	12
99	7	132	8	165	7	198	7	231	12	264	12
100	7	133	8	166	7	199	7	232	12	265	12
101	7	134	8	167	7	200	7	233	12	266	12
102	7	135	9	168	10	201	7	234	12	267	12
103	7	136	9	169	10	202	7	235	12	268	12
104	7	137	9	170	10	203	7	236	12	269	12
105	7	138	9	171	10	204	7	237	13	270	12
106	7	139	9	172	10	205	7	238	11	271	12
107	7	140	9	173	10	206	7	239	11	272	12
108	7	141	9	174	10	207	7	240	11	273	12
109	7	142	9	175	10	208	7	241	11	274	12
110	6	143	9	176	10	209	6	242	11	275	12
111	6	144	9	177	10	210	6	243	11	276	12
112	6	145	7	178	10	211	6	244	11	277	13
113	6	146	7	179	10	212	6	245	11	278	13
114	6	147	7	180	10	213	6	246	11	279	13
115	6	148	7	181	10	214	6	247	11	280	14
116	6	149	7	182	10	215	6	248	11	281	14
117	8	150	7	183	10	216	6	249	11	282	14
118	8	151	7	184	11	217	6	250	13	283	14
119	8	152	7	185	11	218	6	251	13	284	14
120	8	153	7	186	15	219	10	252	13	285	14
121	8	154	7	187	15	220	10	253	13	286	14
122	8	155	7	188	15	221	10	254	13	287	14
123	8	156	7	189	15	222	10	255	13	288	15
124	8	157	10	190	11	223	10	256	13	289 et 290	15

TABLE

DES FIGURES REPRÉSENTÉES DANS CHAQUE PLANCHE,

AVEC RENVOI AU TEXTE.

TOME PREMIER.

PLANCHE PREMIÈRE.

Figures. — Pages.

1re. Feuille du mûrier avec son fruit. — 1
2. Ver-à-soie. — 88
3. Le cocon. — 93
4. La chrysalide. — 93
5. Le papillon. — 96
9. Grand atelier de M. Dandolo. — 198
12. Atelier de M. Darcet. — 204
13. Coupe dudit atelier. — 205
14. Divers ustensiles nécessaires dans une magnanerie. — 210

PLANCHE DEUXIÈME.

6. Appareil propre à recevoir les vers-à-soie au sortir de l'éclosion, du docteur Swayne. — 117
8. Vers mort de la muscardine. — 183
10. Petit atelier de M. Dandolo. — 199

Fig. — Pag.

11. Appareil de M. Darcet propre à sécher les feuilles humides et à étouffer les chrysalides. — 203
13. Description de tout l'appareil. — 273
15. Tables ou claies placées l'une après l'autre. — 282
16. Coupe horizontale du calorifère ligne A B. — 274
17. Coupe horizontale du calorifère selon la ligne CD. — 274
18. Coupe verticale du calorifère. — 275
19. Plan général de l'appareil. — 275
20. Coupe générale de l'appareil. — 276
21. Face du tarare. — 277
22. Coupe transversale de l'appareil. — 278
27. Coupe longitudinale de la magnanerie salubre de M. Darcet. — 265
28. Coupe transversale de tout le bâtiment selon la ligne I J. — 268
30. Élévation de l'un des deux petits côtés du bâtiment. — 269

PLANCHE TROISIÈME.

Fig. — Pag.

7. Berceau pour la montée des vers-à-soie. — 144
23. Magnanerie salubre de M. Darcet, plan du rez-de-chaussée. — 263
24. Plan du premier étage. — 264
25. Vue de face de la cloison formant la chambre à air. — 264
26. Coupe verticale de la chambre à air. — 265
29. Vue de face de tout le bâtiment de la magnanerie salubre de M. Darcet. — 269

TOME SECOND.

PLANCHE PREMIÈRE.

1re. Fourneau à dévider les cocons. — 22
2. Coupe dudit fourneau. — 22
3. Portion du fourneau garnie du va-et-vient. — 22
4. Fourneau à dévider, du Piémont. — 22
4". Appareil de M. Gensoul, coupe verticale et longitudinale. — 33

Fig. — Pag.
5. Coupe verticale selon la longueur du bâtiment. 33
6. Vue du tuyau en longueur. 34
7. Bassine ou auge. 34
8. Forme des rameaux. 34
9. Forme des rameaux. 34
10. Coupe horizontale de la chaudière. 34
11. Le fourneau. 34
34. Vue de l'ourdissoir. 77
36. Métier à rubans. 85
37. Chapeau et navettes du métier à rubans. 86
49". Procédé de M. Williams Jennings pour supprimer les ressorts en spirale. 105
50. Planche servant au passage. 106
51. Fabrication du velours. 116
52. Coupe de la baguette pour les velours. 116
52 (bis). Calandre de Vaucanson pour moirer. 350
71. Figure servant à l'explication de la fabrication de la gaze. 129

PLANCHE DEUXIÈME.

12. Machine propre à filer de MM. Madden et Patrich O Neal ; élévation de la machine à préparer, vue de côté. 36
13. Plan. 36
14. Plan latéral d'une machine à filer. 36
15. Plan. 36
20. Métier à dévider de M. Lombe, 48
21. Moulin à dévider. 50

Fig. — Pag.
22. Portion du moulin à dévider. 52
27. Métier ordinaire du tisserand. 63
28. Battant du métier. 63
35. Vue de la navette. 80
38. Marche de la trame pour les rubans. 87
68. Figure pour servir à l'explication de la fabrication de la gaze. 129

PLANCHE TROISIÈME.

15". Cardes mécaniques de M. Delon, vues en perspective des deux côtés opposés de cette machine. 37
16. Coté opposé de cette machine. 37
17. Vue des cylindres. 39
18. Purgeoirs de MM. Lacombe et Barrois. 47
19. Machine à éviter les mariages, de M. Rieu du Gard. 47
29. Vue du peigne. 65
30. Vue de l'ensuple. 69
31. Vue du battant. 71
60. Représente l'entrelacement que produit un taffetas. 110
61. Taffetas à chaîne double. 111
62. Idem à chaîne triple. 111
63. Idem à chaîne quadruple. 111
64. Maille pour lever les fils. 111
65. Maille pour lever les fils. 111
66. Idem idem. 111
67. Idem idem. 111

PLANCHE QUATRIÈME.

Fig. — Pag.
23. Moulin de M. Belly. Élévation de la machine. 58
24. Élévation prise au-dessous de la base des guindres. 58
25. Plan de la machine vue par dessus. 58
26. Coupe horizontale prise au-dessous du plateau porte-guindres. 58
53". Procédés de M. Heydwiller pour la fabrication des velours. 121
54. Premier et deuxième coups de navette. 121
55. Ordre des coups de navette. 122
56. Idem. idem. 122
57. Idem idem. 122
58. Le remettage 122
59. Idem. 122
69. Ouvertures des fils dans la fabrication de la gaze. 129
70. Ouvertures des fils idem. 129

PLANCHE CINQUIÈME.

39. Métier de M. Couturier, de Lyon, propre à fabriquer plusieurs pièces à la fois ; fragment du métier vu de face. 100
40. Traverse supérieure de la chasse du métier. 101
41. La même traverse avec les poulies pour trois pièces. 101
42, 43, 44. Vue de profil des poulies dans leurs écharpes. 101

Fig.   Pag.

45. Vue par dessus d'une des boîtes à navettes. 101
46 et 47. Taquet en bois représenté de profil et de face. 101
48. pièces en fer ajustées aux deux extrémités de la boîte. 101
49. La boîte à navette vue par le bout. 101
53. Armature de M. Charlier pour les velours. 120
72. Machine à chiner; coupe verticale et longitudinale de l'appareil. 138
73. Élévation par l'un des bouts de cette machine. 138
00. Vue de l'ancien métier à tisser les étoffes unies, comme taffetas, serge et satin. 109

PLANCHE SIXIÈME.

87. Appareil de M. Grandin pour extraire les parties colorantes de la soie; vue de cette machine en élévation. 144
88. Section horizontale faite un peu au-dessus de la base. 144
94. Machine de M. Cholat pour empêcher la soustraction des soies à la teinture. 153
93. Procédé de M. Poidebard pour l'ouvraison de la soie; vue en élévation d'un mécanisme appelé ovale. 159
94. Plan de ce mécanisme. 159
95. Modification apportée à ce mécanisme. 161
110. Mécanique à dévider de M. Jaud. 163

Fig.   Pag.

111. Figure accessoire de cette mécanique. 163
112. Mâchoire vue de face. 164
113. Machine longue vue en élévation. 164
114. Tour de M. Peyron propre à tordre la soie au sortir du cocon. 165
115. Profil du côté droit 165
116. Plan ou vue par dessus. 165
209. Tempia mécanique; vue de profil de l'appareil. 232
210. Vue de face. 232
211. Vue des cylindres. 232
212. Battant mécanique de M. Boivin; vue de face. 233
213. Plan ou vue par dessus. 233
214. Élévation prise par derrière. 234
215. Coupe verticale de profil. 234
216. Vue de la navette par derrière. 234
217. Vue de la même navette par dessus. 234
218. Battant à étage de MM. Pitiot et Gariat. 235

PLANCHE SEPTIÈME.

89. Rouet de M. Guiochon, pour empêcher la soustraction de la soie. 150
90. Autre rouet. 150
96. Filières uniques de MM. Tardy, père et fils; vue d'une tige forée. 162
97. Autre tige forée. 162
98. Filière ouverte de côté. 163

Fig.   Pag.

99. Filière ouverte de côté. 163
100. Id. Id. 163
101. Filière non ouverte de côté. 163
102. Autre non ouverte de côté. 163
103. Autre filière à tige plus longue. 163
104. Autre Id. 163
105. Autre Id. 163
106. Filière à pierre. 163
107. Autre Id. 163
108. Id. Id. 163
109. Id. Id. 163
145. Chaudière économique de M. Jonc; vue en coupe verticale. 185
146. Plan ou vue par dessus. 185
147. Fourneau à chauffer les bassines de M. Michel; plan ou vue par dessus. 186
148. Coupe verticale suivant la ligne A B de la figure 147. 186
149. Coupe verticale suivant la ligne ponctuée C D de la figure 147. 186
150. Tour à tirer la soie, de M. Giraud; plan de ce tour. 192
151. Vue de face de ce tour. 193
152. Élévation montrant le va et vient. 193
153. Vue de profil du côté de l'engrenage. 193
154. Perfectionnemens et additions à ce tour. 194
155. Chaudière de M. Quégras; coupe verticale. 195

Fig. — Pag.

156. Vue par dessus. 195
164. Mécanique à filer la soie sans tourneuse, de M. Blanchon; vue de côté de cette machine. 203
165. Plan, ou vue par dessus. 203
166. Boîte à pression vue de face. 203
167. La même, vue de profil. 203
193. Métier de MM. Chrétien et Sourd, vu de face. 228
194. Élévation de côté. 228
195. Portion du battant vu dans sa longueur. 228
196. Le même battant, vu de profil. 228
197. Vue de profil de la noix d'engrenage. 228
198. Vue de face, de la même. 228
199. Vue de profil du ressort. 228
200. Vue de face du même. 228
201. Vue des rouloirs. 228
202. Rouleaux avec leurs griffes. 228
203. Profil de la griffe. 228
204. Vue en perspective d'un autre moyen. 230
205. Autre moyen plus simple. 230
206. Coupe verticale de la caisse qui renferme le mécanisme. 231
207. Plan ou vue par dessus de cette caisse. 231
208. Navette perfectionnée. 231

PLANCHE HUITIÈME.

117. Rouet de M. Tastevin, élévation latérale. 166
118. Plan de ce rouet. 166

Fig. — Pag.

119. Purgeoirs vus sous différentes faces. 170
120. Id. 170
121. Id. 170
122. Rouets vus en élévation. 171
123. Rouet vu en élévation. 171
124. Id. 171
125. Figure représentant sur une coupe verticale, les améliorations. 175
126. Mécanisme propre à enlever les mariages, vu en élévation latérale. 176
127. Plan supérieur. 176
128. Rouet perfectionné, élévation latérale. 178
129. Élévation par le bout du côté droit de la figure. 178
130. Cette figure représente l'ancienne croisure. 179
131. Machine à tirer la soie, de M. Denizot, vue en élévation latérale. 179
132. Plan de cette machine. 179
133. Rouleau vu en élévation. 179
134. Le même, vu en coupe. 179

PLANCHE NEUVIÈME.

135. Appareil à vapeur de M. Gensoul; coupe verticale de cet appareil. 181
136. Plan ou vue par dessus. 181
137. Coupe verticale d'un autre appareil. 181
138. Plan de cet appareil. 181

Fig. — Pag.

139. Coupe verticale de trois bassines. 183
140. Plan de trois bassines. 183
141. Coupe verticale de trois bassines de la filature.
142. Plan de ces bassines. 183
143. Étouffoir vu en élévation. 183
144. Plan de cet étouffoir. 183

PLANCHE DIXIÈME.

33. Vue du tempia. 76
157. Tour à filer la soie, de M. Pellet; vu en élévation. 196
158. Autre tour avec perfectionnement; vue en élévation latérale. 200
159. Vue en plan. 200
160. Dévidoir de M. Pascal, marchant par eau; vue de face. 202
161. Vue par derrière. 202
162. Vue par le bout du côté du mouvement. 202
163. Autre vue par le bout du dévidoir remonté et commençant une levée. 202
168. Conditionnement des soies de M. Rast-Maupas; vue de la caisse. 208
169. Porte. 209
170. Représente les liteaux pour les tiroirs. 208
171. Le tiroir vu par dessous. 211
172. Un des côtés de ce tiroir. 211
173. Porte. 211

Fig. — Pag.

174. Armoire dont un des côtés est fermé. 211
175. Coupe de la caisse sur sa profondeur. 211
176. Purge-mariages de M. Chambon ; élévation latérale de deux tours. 217
177. Vue de face. 217
178. Plan ou vue par dessus. 217
179. Vue en perspective du purgeoir des mariages. 217
180. Roue à volant, perfectionnée. 222
181. La même vue de côté. 222
182. Perfectionnement à la machine Jacquart ; vue de face de cette machine. 224
183. Élévation de profil. 224
219. Battant mécanique de MM. Mayet et Vallet, vue de face. 236
220. Vue du même, de profil. 236
221. Cylindre à coulisse. 237
222. Navettes à coulisses. 237
223. Sabots dans lesquels glisse le conducteur des navettes. 237
224. Fragment du conducteur des navettes. 237
225. Bride tenant au battant. 238

PLANCHE ONZIÈME.

32. Vue de deux lisses. 72
32". Vue de quatre lisses. 73
92. Machine de M. Grillet et Blein, pour empêcher la soustraction des soies. 155

Fig. — Pag.

184. Métier mécanique de MM. Risler et Dixon ; élévation du côté des roues à rochet. 225
185. Vue de face. 225
190. Montre les avantages d'une bièle courte. 227
191. Idem. 227
192. Id. 227
237. Dévidoir à roue volante de MM. Delègue et Bailly ; coupe de la machine. 323
238. Plan de la machine et de la table. 324
239. Coupe de l'un des douze va et vient. 324
340. Plan du pied de la roue volante. 324
241. Support en étagère pour les canettes. 324
242. Porte-barbin mobile. 324
243. Dévidage des soies de M. Mousset ; plan de la partie inférieure du mécanisme. 325
244. Vue en perspective du mécanisme entier. 325
245. Autre vue en perspective d'une autre forme de mécanisme. 325
246. Nouveau moulin à dévider de M. Hipert ; élévation de face. 326
247. Élévation sur un des côtés. 326
248. Vue par derrière de la machine. 326
249. Contre-poids qui rappelle le chevalet. 327
257. Perfectionnemens à la machine Jacquart ; plan de l'appareil. 332
258. Élévation de face. 332
259. Élévation latérale. 332

Fig. — Pag.

260. Détails de construction. 332
31. Ventilateur de M. Combes. 332
32, 33, 34, 35, 36, 37.

Nota. L'explication de ces figures se trouve dans le premier volume, page 283.

PLANCHE DOUZIÈME.

226. Fourneau à chauffer les bassines, de M. le docteur Gensoul, vu par dessus. 218
227. Vue en élévation. 320
228. Vue de face. 320
229. Plan ou vue de l'appareil perfectionné. 320
230. Vue en élévation. 320
231. Plan ou vue d'un nouvel appareil. 321
232. Caisse vue en élévation. 321
231. Vue du bassin seul en élévation. 321
234. Plan de l'appareil sans eau. 321
235. Vue de l'appareil par dessus. 322
236. Coupe verticale de l'appareil. 322
261. Régulateur applicable à la machine Jacquart de M. Murat ; vue en perspective. 335
262. Autre vue en perspective de ce régulateur. 336
263. Autre vue en perspective du même. 337
264. Métier à tisser plusieurs pièces à la fois, de M. Perpigna ; vue de profil de deux métiers. 337
365. Élévation des mêmes métiers. 337
266. Plan. 337

Fig. — Pag.

267. Vue du balancier en particulier. 337
268. Coupe du métier, pour en reconnaître les parties intérieures. 337
269. Marches d'une nouvelle disposition. 337
270. *Id.* 337
271. Autre pièce de la machine. 337
272. Nouveau mécanisme; plan de quatre métiers semblables, mis en mouvement par un balancier. 242
273. Élévation du métier. 342
274. Pièces détachées du métier. 342
275. Autre pièce du métier. 342
276. Autre pièce *Id.* 342

PLANCHE TREIZIÈME.

250. Machine à démêler la bourre de soie. 327
251. Machine à peigner. 328
252. Machine à couper, vue en élévation. 329
253. Machine à ouvrir. 330
254. Machine à carder. 331
255. Machine à laminer et à boudiner. 331

Fig. — Pag.

277. Procédés de M. Renaud pour la teinture. 344
278. Explication de ces figures. 346
279. *Id.* 346

PLANCHE QUATORZIÈME.

74. Séchoir pour les soies, de M. Darcet. 143
75. Arbre vertical, 143
76. Roue en élévation. 143
77. Cheville sur laquelle est placée un mateau de soie. 143
78. Poulie montée sur le ménard. 143
79. Vue en perspective de l'une des bouches de chaleur. 183
80. Vue de cette même bouche de face. 183
81. Vue de cette même bouche de profil. 183
82. Coupe verticale d'un cylindre. 183
83. Volant. 183
84. Coupe verticale du calorifère. 144
85. *Id.* 144
86. Section horizontale. 144
280. Machine Jacquart vue en élévation, la

Fig. — Pag.

face antérieure abaissée. 347
281. Coupe transversale en élévation dans sa plus haute position. 347
282. Coupe transversale dans sa position inférieure. 347
283. Bout de droite de l'axe carré. 347
284. Broches horizontales. 348
285. Broche horizontale détachée. 348
286. Plan de la rangée supérieure des aiguilles horizontales. 349
287. Fragment de la chaîne sans fin. 349

PLANCHE QUINZIÈME.

186. Métier de MM. Richer et Dixon, élévation du côté de la roue motrice. 225
187. Plan ou vue par dessus. 225
188. Clé montée à l'extrémité du levier. 226
189. Patte vue de face et de profil. 226
288. Vue du sérimètre. 353
289. Brise-mariages de M. Robinet. 356
290. Tour complet de M. Robinet. 358

FIN.

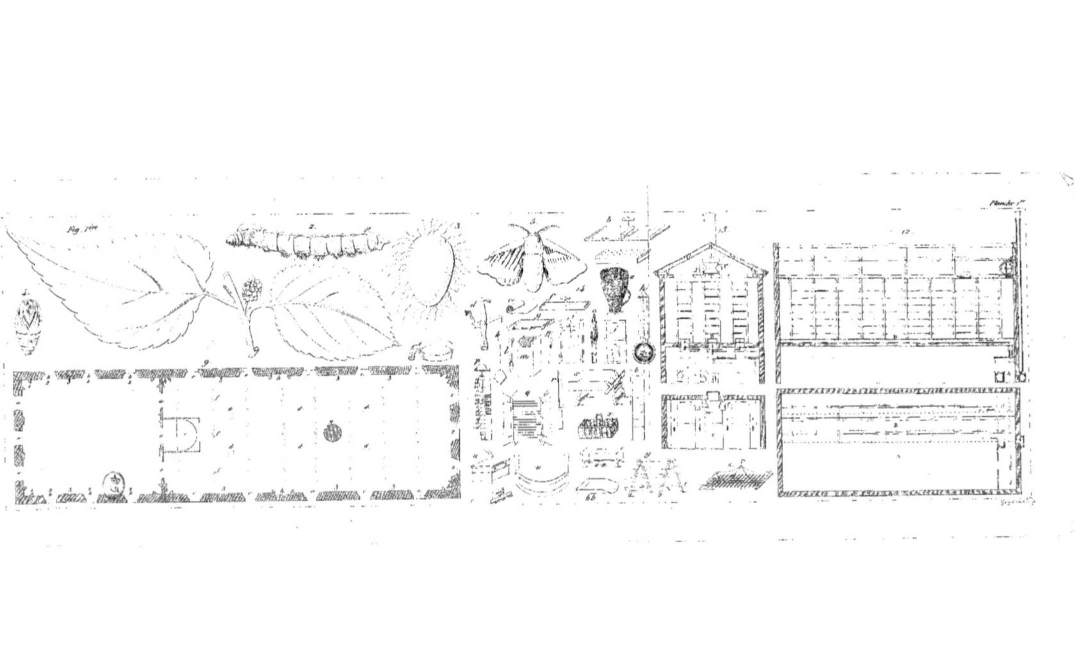

Fig. 1ère
Planche 1re

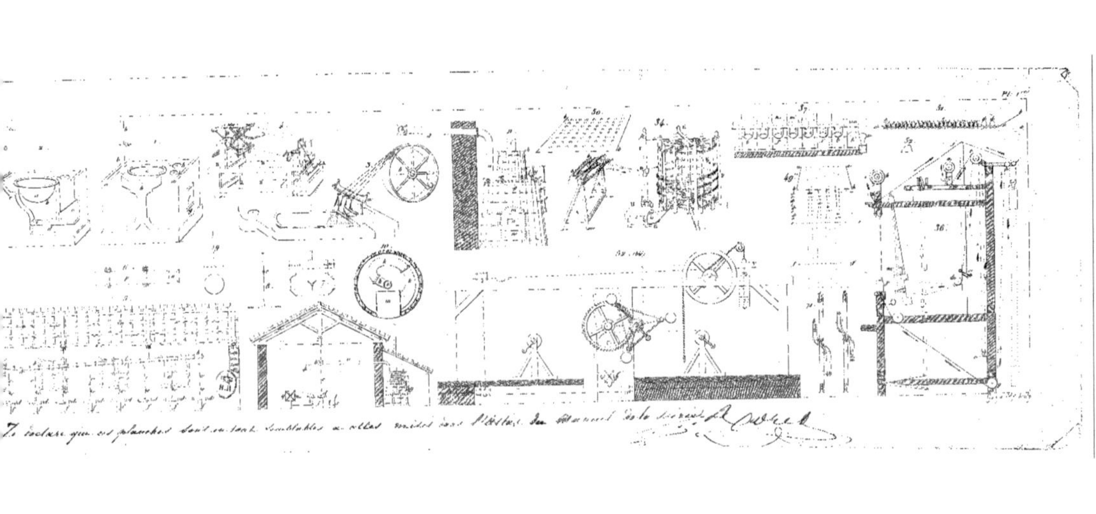

Je déclare que ces planches sont en tout semblables à celles unies dans l'État du Manuel de la ...

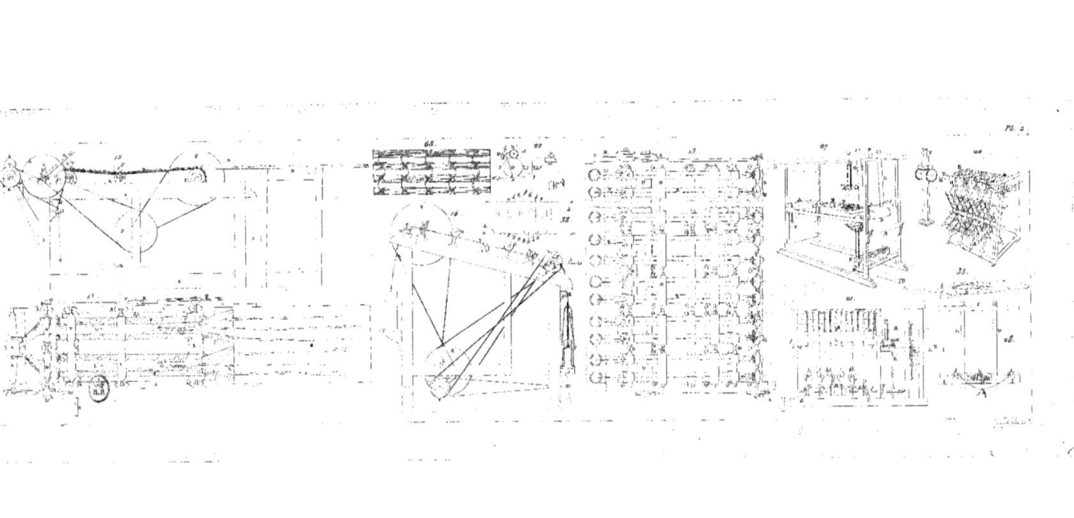

Pl. 2.

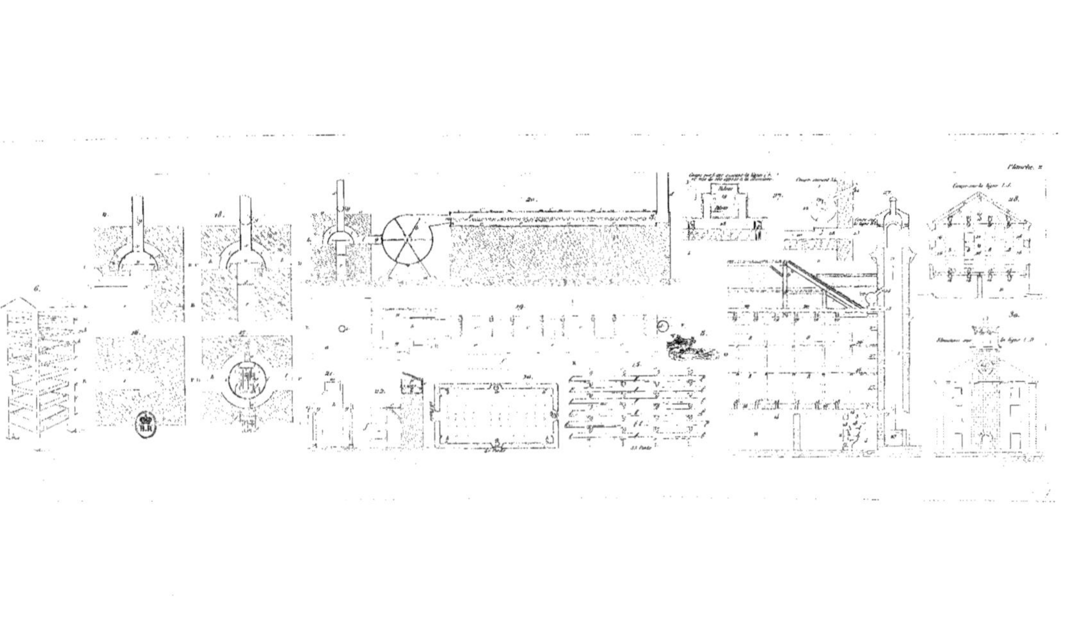

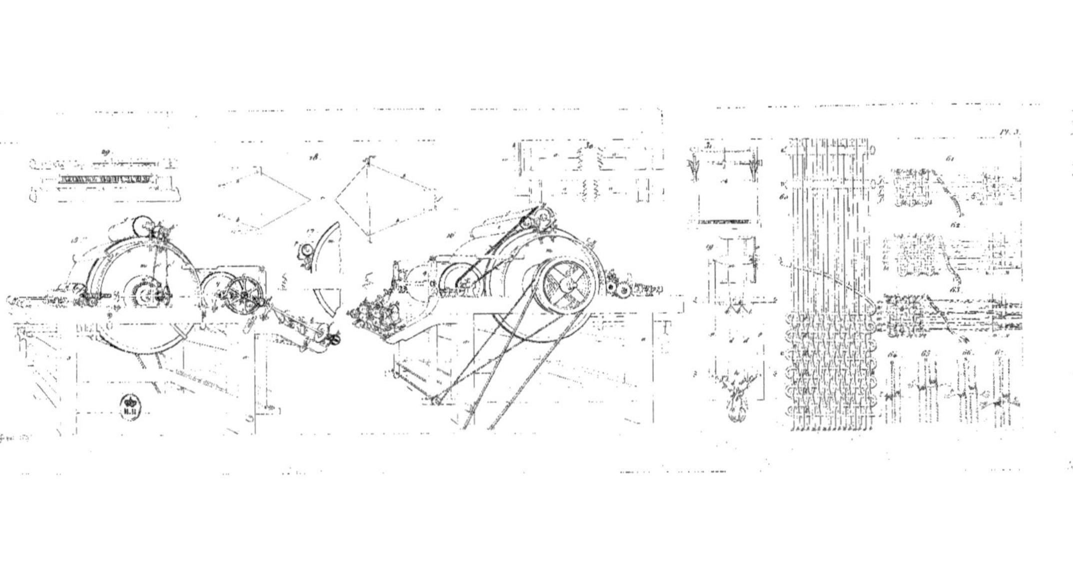

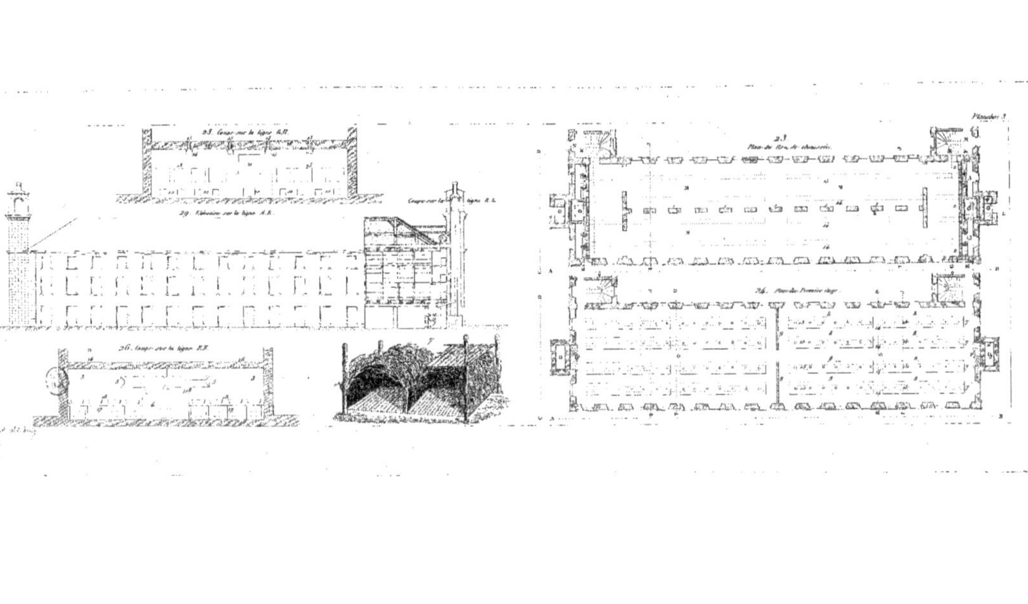

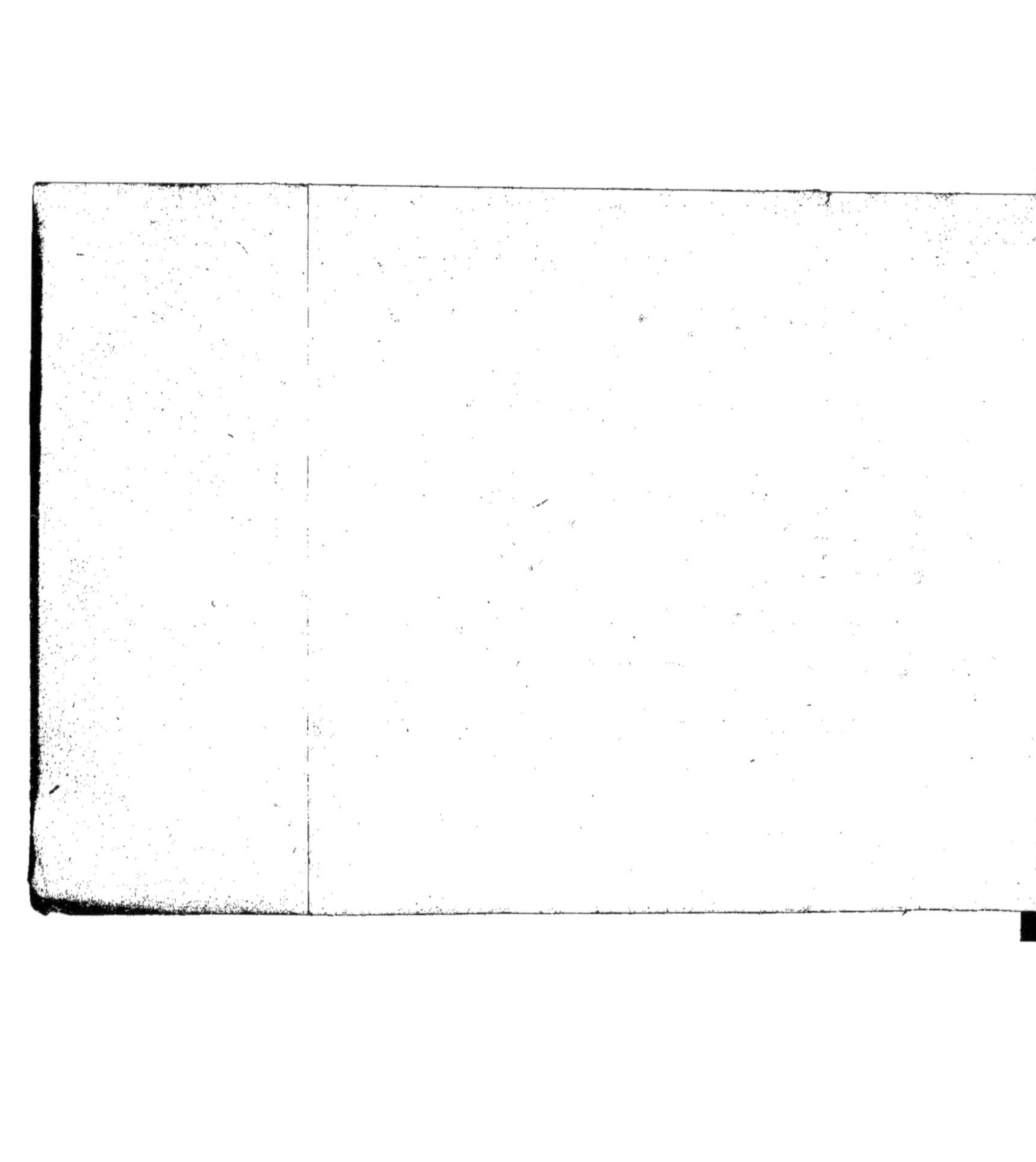

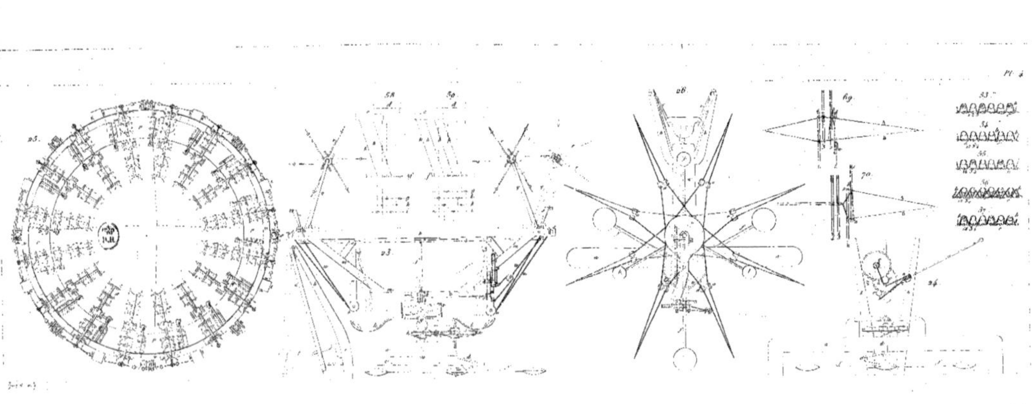

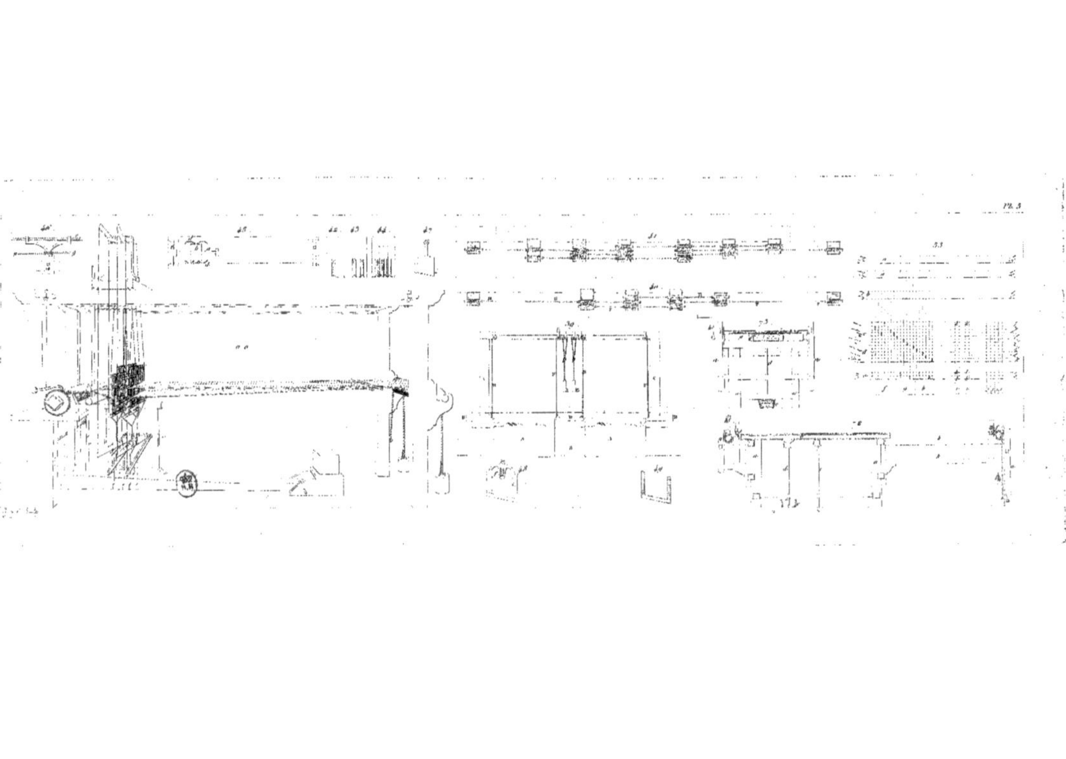

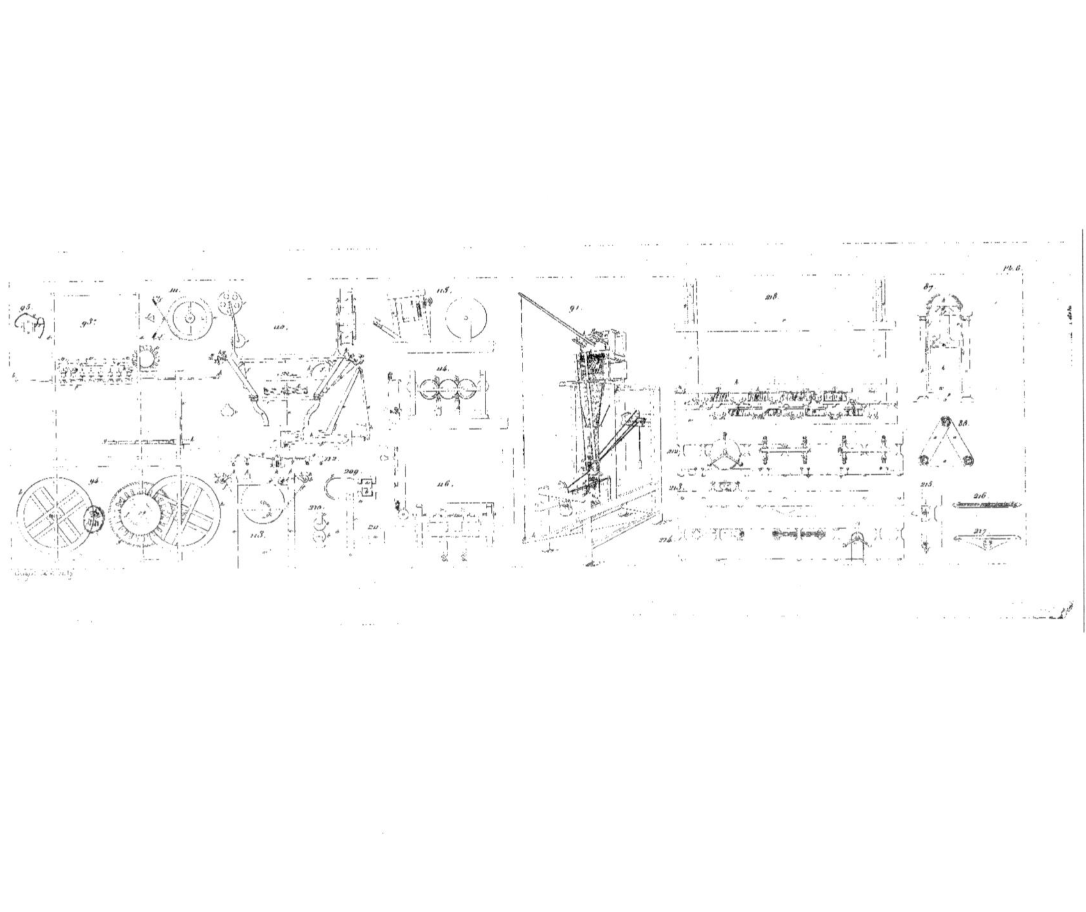

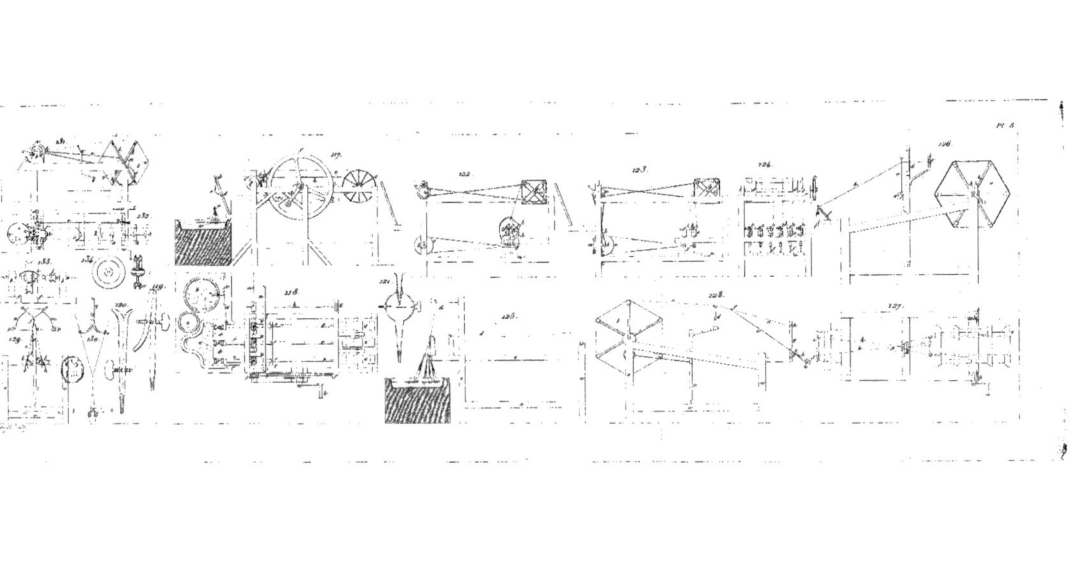

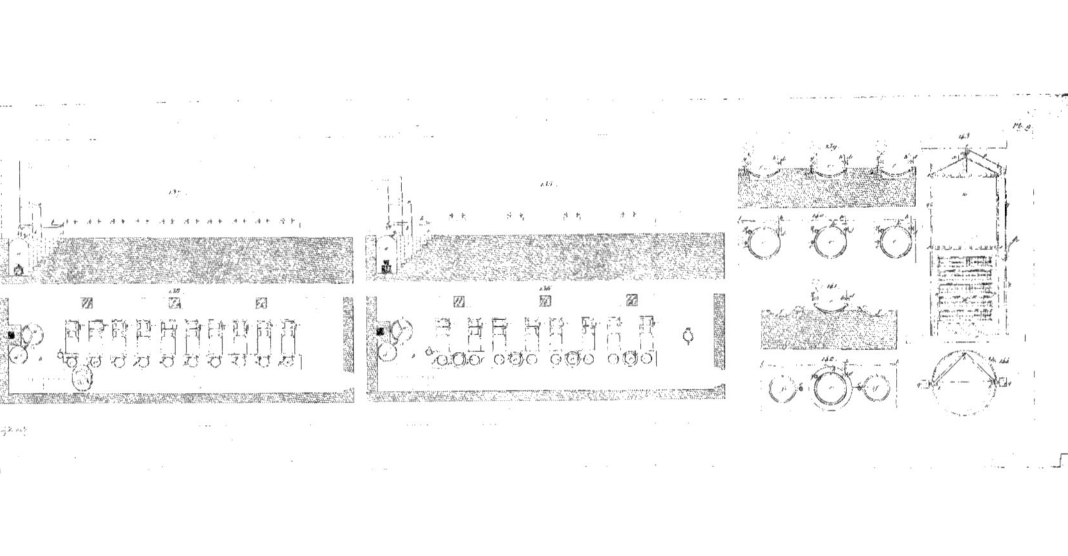

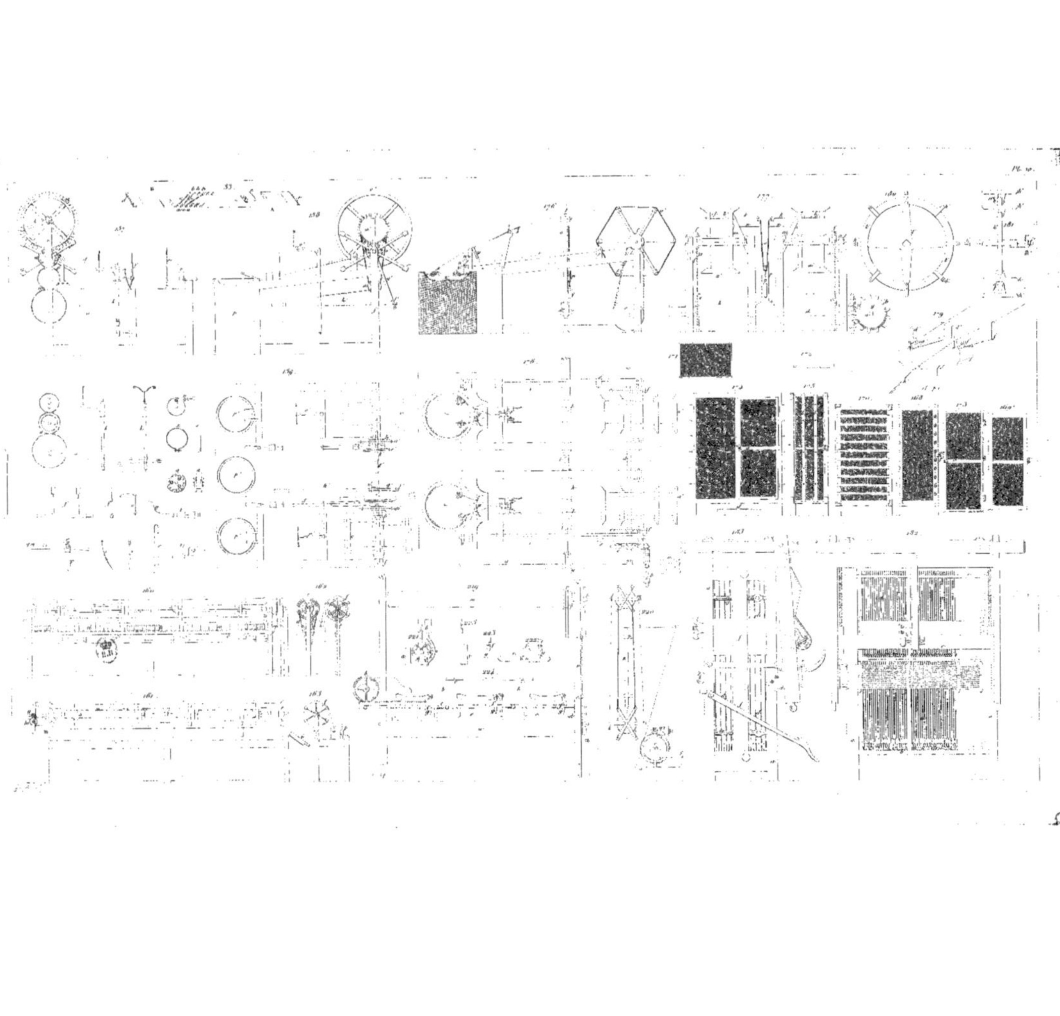

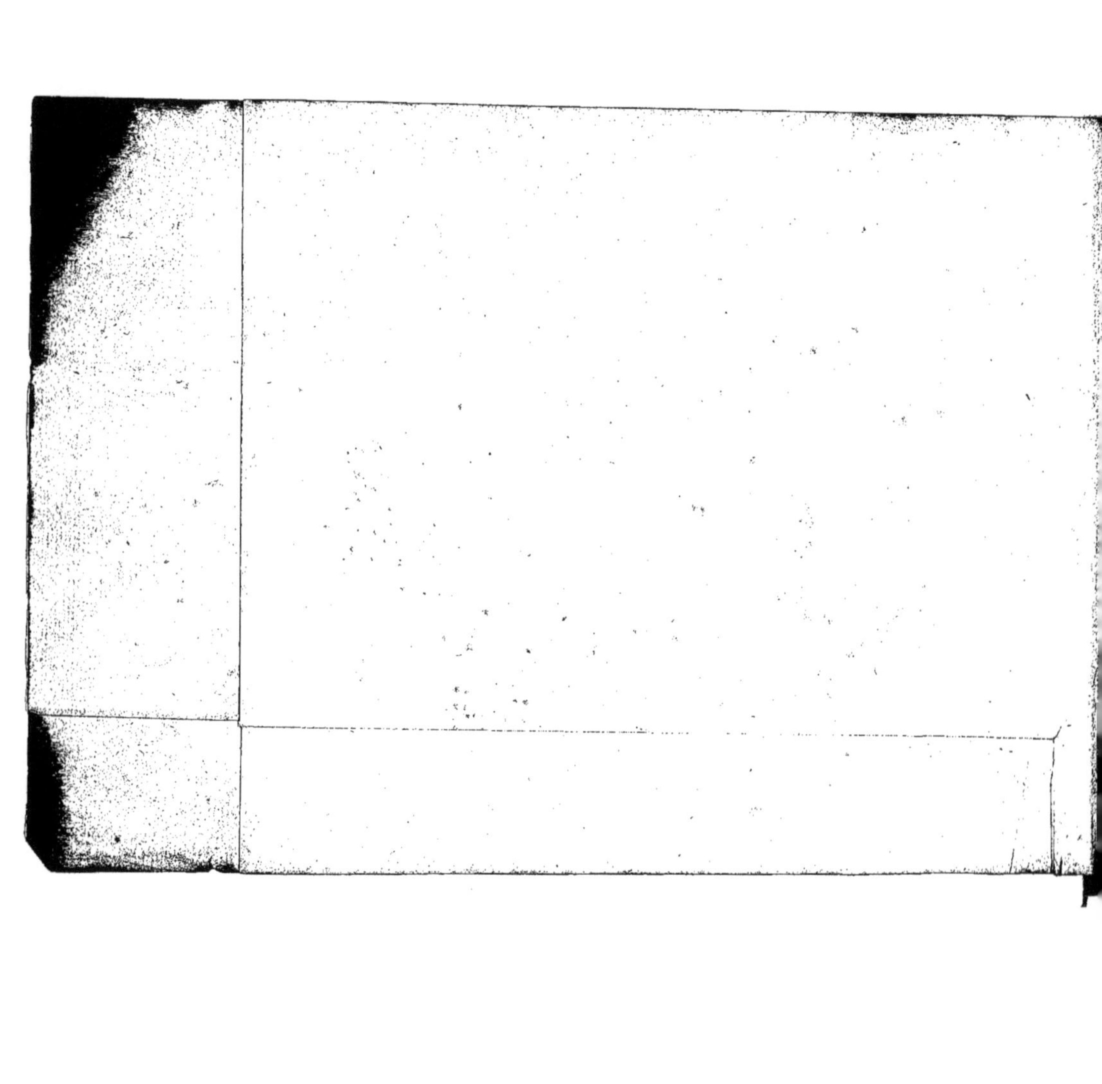

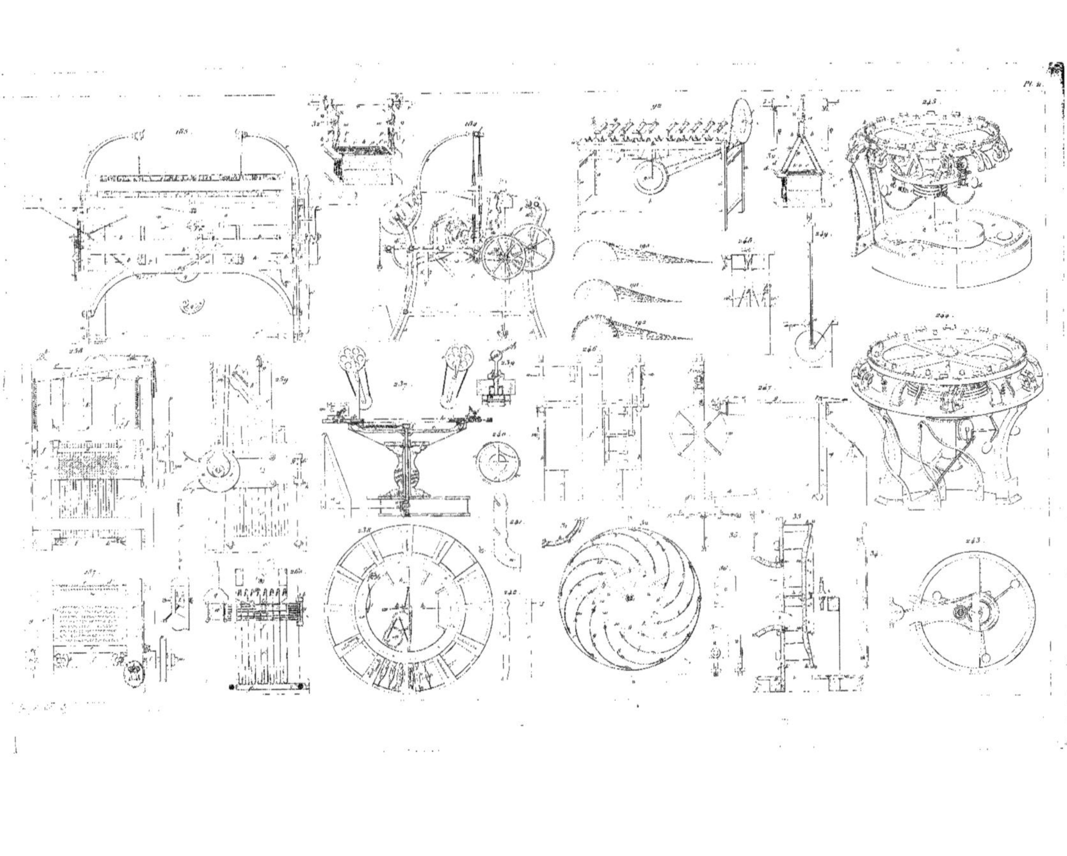

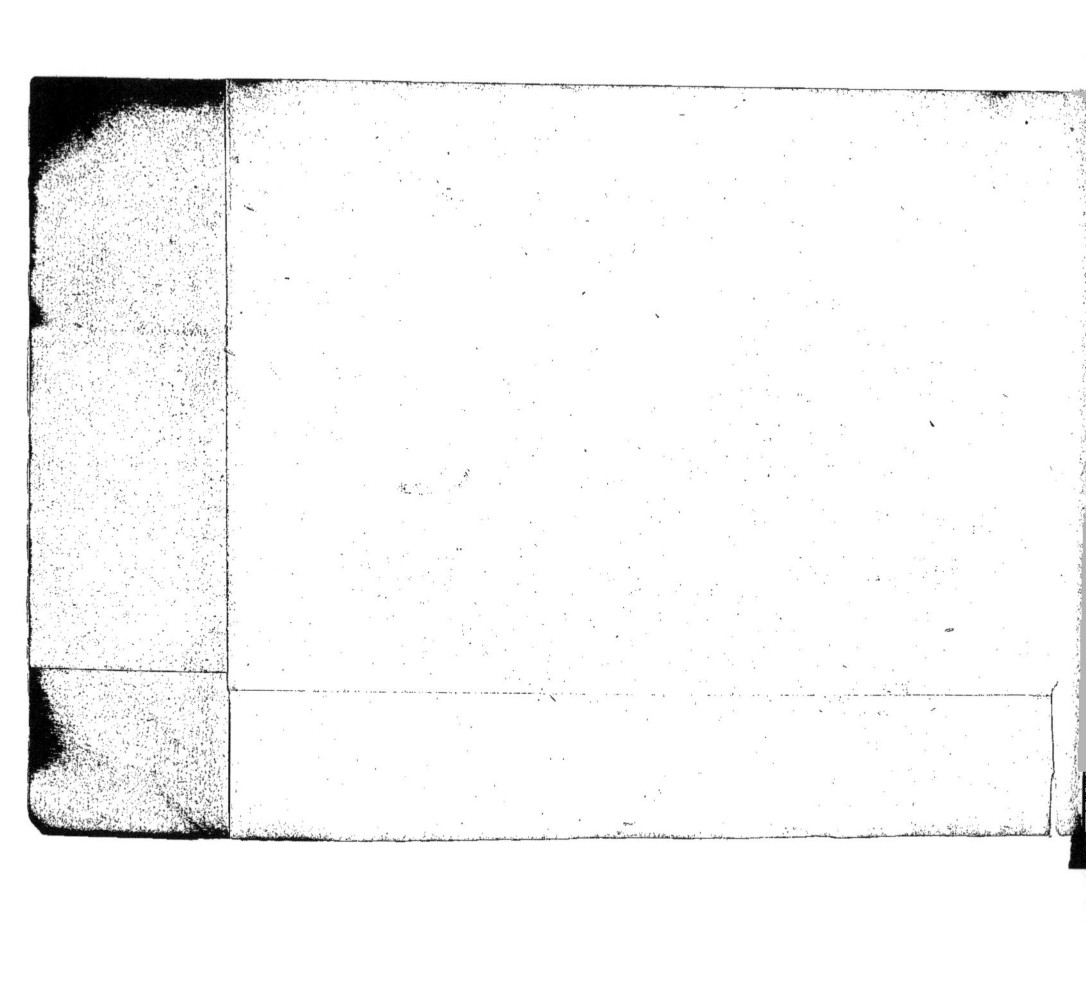

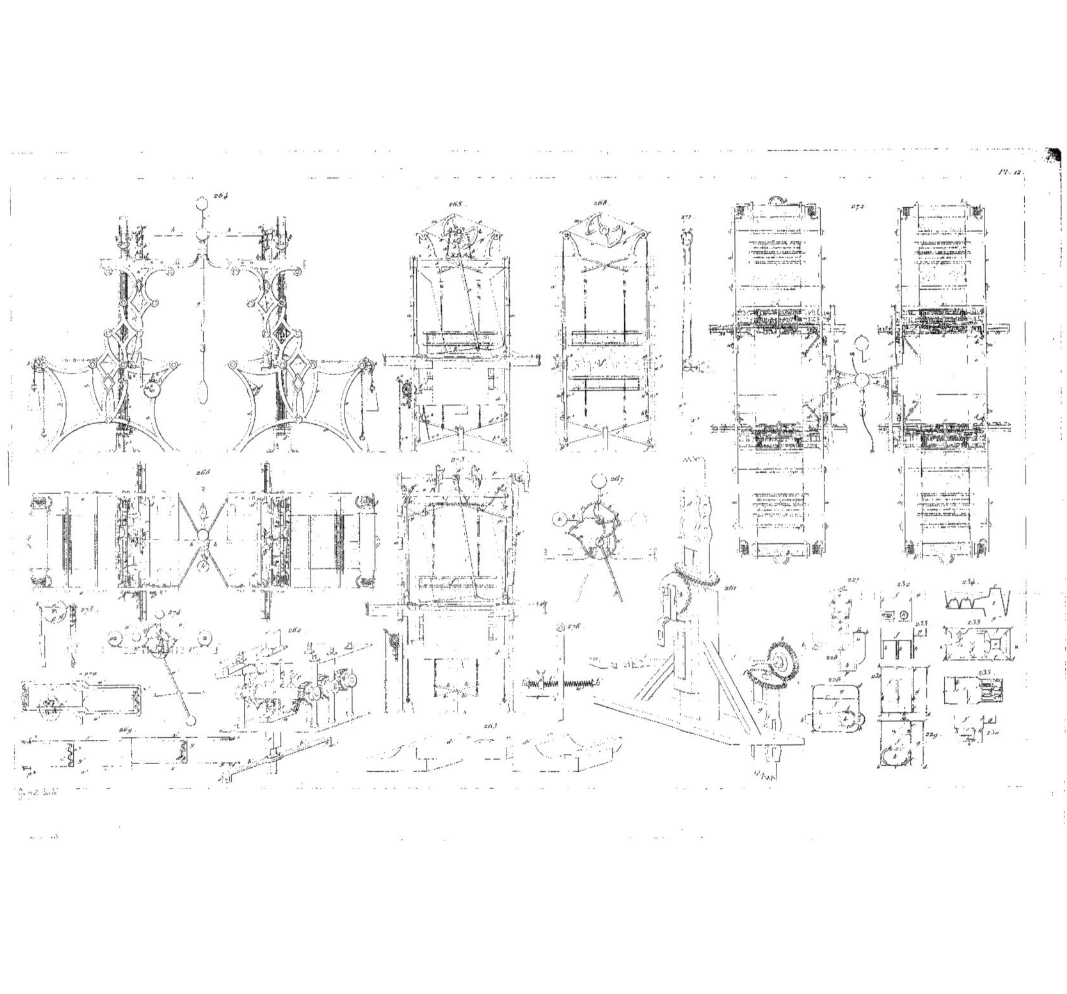

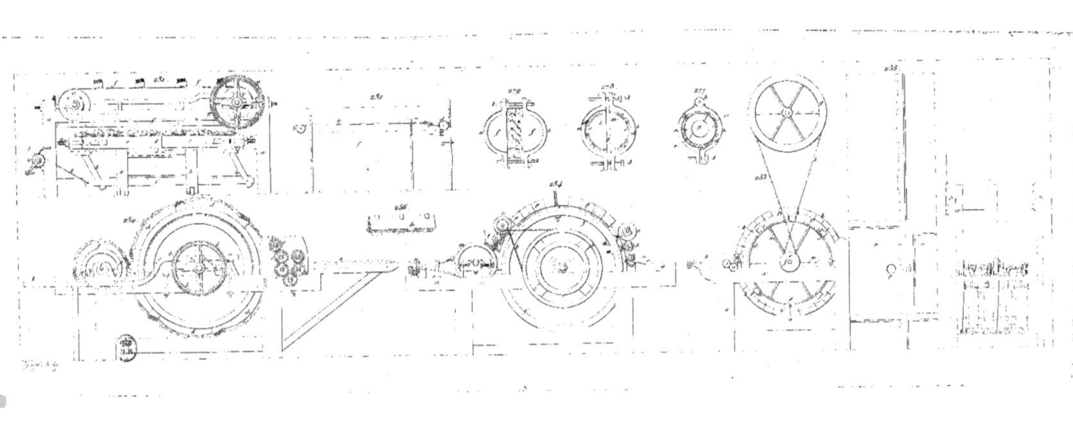

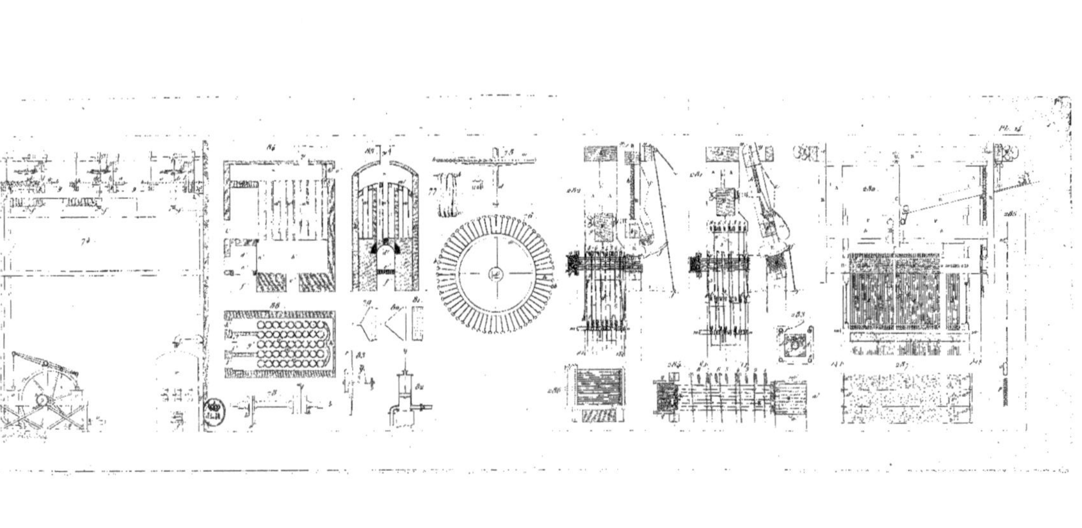